US Citizenship Test Study Guide

100 PREGUNTAS y RESPUESTAS

INTRODUCCION

Este libro tiene la misión de ayudarlo a prepararse para el examen de ciudadanía estadounidense. Nuestra guía lo ayudará a estudiar para las partes de cívica e inglés de la entrevista de naturalización. Hay 100 preguntas de civismo en el examen de naturalización. Durante su entrevista, se le harán hasta 10 preguntas de la lista de 100 preguntas que encontrará en esta guía. Debe responder correctamente 6 de las 10 preguntas para aprobar el examen de educación cívica.

Si los solicitantes que, al momento de completar el Formulario N-400 (Solicitud de Naturalización), tienen 65 años o más y han sido residentes permanentes durante al menos 20 años, solo deben estudiar 20 de las 100 preguntas del examen de educación cívica para la prueba de naturalización. Hemos marcado estas preguntas con un asterisco (*) en este libro de estudio.

La parte de inglés de la prueba tiene tres partes: hablar, leer y escribir.

El representante de USCIS calificará su capacidad para hablar inglés en función de sus respuestas a las preguntas formuladas durante la entrevista de elegibilidad en el Formulario N-400 (Solicitud de naturalización).

Debe ser capaz de leer una (1) de cada tres (3) oraciones correctamente para demostrar la capacidad de leer en inglés; si lo hace, aprobará el examen de lectura. Hay una sección en este libro donde puede encontrar una lista de vocabulario de lectura con todas las palabras que se encuentran en la parte de lectura en inglés del examen de naturalización.

Para demostrar su capacidad para escribir en inglés, el representante de USCIS le pedirá que escriba tres (3) oraciones. Debe escribir una (1) de esas tres (3) oraciones correctamente para aprobar el examen de redacción. En la parte posterior de esta guía hay una lista de vocabulario de escritura, con todas las palabras que se encuentran en la parte de escritura en inglés de la prueba de naturalización incluida.

IMPORTANTE

Esta guía del libro se actualiza al momento en que se imprimió, pero tenga en cuenta que algunas respuestas pueden ser diferentes en el momento de su examen debido a elecciones o citas. Cuando estudie para el examen, asegúrese de conocer las respuestas actuales, asegúrese de conocer el nombre del funcionario actual en el momento de su entrevista con el representante del USCIS. Una respuesta desactualizada se considerará una respuesta incorrecta.

INSTRUCCIONES

Cada pregunta tiene la respuesta en la parte posterior de su página. Para estudiar para el examen, le recomendamos que estudie 5 preguntas y respuestas por día. De esta forma, podrá estudiar las 100 preguntas y respuestas en solo 20 días. Para evaluar su aprendizaje, lea la pregunta en voz alta y dé su respuesta antes de pasar la página para verificar si está en lo correcto. Si alguna de sus respuestas es incorrecta, vuelva a estudiar y repita el proceso.

* Si tiene 65 años o más y ha sido residente permanente de los Estados Unidos durante 20 años o más, puede estudiar solo las preguntas marcadas con un asterisco.

Puede mejorar los resultados de su experiencia de aprendizaje con nuestros CDs de audio.

Escanee este código con su teléfono para acceder al producto en Amazon.

Si no puede escanearlo, escriba el siguiente código en la búsqueda de Amazon:

B07NZD5LZ7

PREGUNTA 01

What is the supreme law of the land?

¿Cuál es la ley suprema de la nación?

American Government
Principles of American Democracy. - Part A

- The Constitution
  - *La Constitución*

PREGUNTA ⓪②

What does the Constitution do?

¿Qué hace la Constitución?

RESPUESTA(S) 02

- Sets up the government
- Defines the government
- Protects basic rights of Americans

- *Establece el gobierno*
- *Define el gobierno*
- *Protege los derechos básicos de los ciudadanos estadounidenses*

PREGUNTA 03

The idea of self-government is in the first three words of the Constitution. What are these words?

Las primeras tres palabras de la Constitución contienen la idea del autogobierno (de que el pueblo se gobierna a sí mismo). ¿Cuáles son estas palabras?

RESPUESTA(S) Ⓧ03

- We the People
  - *Nosotros, el pueblo*

What is an amendment?

¿Qué es una enmienda?

RESPUESTA(S) 04

- A change (to the Constitution)
- An addition (to the Constitution)

- *Un cambio (a la Constitución)*
- *Una adición (a la Constitución)*

PREGUNTA 05

What do we call the first ten amendments to the Constitution?

¿Con qué nombre se conocen las primeras diez enmiendas a la Constitución?

Gobierno Americano
Principios de la Democracia Americana. - Parte A

RESPUESTA(S) 05

- The Bill of Rights
- *La Carta de Derechos*

PREGUNTA 06

What is one right or freedom from the First Amendment?*

¿Cuál es un derecho o libertad que la Primera Enmienda garantiza?*

RESPUESTA(S) 06

- Speech
- Religion
- Assembly
- Press
- Petition the government

- *Expresión*
- *Religión*
- *Reunión*
- *Prensa*
- *Peticionar al gobierno*

PREGUNTA 07

How many amendments does the Constitution have?

¿Cuántas enmiendas tiene la Constitución?

Gobierno Americano
Principios de la Democracia Americana. - Parte A

RESPUESTA(S) 07

- Twenty-seven (27)
  - *Veintisiete (27)*

PREGUNTA 08

What did the Declaration of Independence do?

¿Qué hizo la Declaración de Independencia?

Gobierno Americano
Principios de la Democracia Americana. - Parte A

RESPUESTA(S) 08

- Announced our independence (from Great Britain)
- Declared our independence (from Great Britain)
- Said that the United States is free (from Great Britain)
- *Anunció nuestra independencia (de Gran Bretaña)*
- *Declaró nuestra independencia (de Gran Bretaña)*
- *Dijo que los Estados Unidos se independizó (de Gran Bretaña)*

PREGUNTA 09

What are two rights in the Declaration of Independence?

¿Cuáles son dos derechos en la Declaración de la Independencia?

RESPUESTA(S) ⓪⑨

- Life
- Liberty
- Pursuit of happiness
- *La vida*
- *La libertad*
- *La búsqueda de la felicidad*

PREGUNTA ⑩

What is freedom of religion?

¿En qué consiste la libertad de religión?

Gobierno Americano
Principios de la Democracia Americana. - Parte A

RESPUESTA(S) ⑩

- You can practice any religion, or not practice a religion.
- *Se puede practicar cualquier religión o no practicar ninguna.*

PREGUNTA ⑪

What is the economic system in the United States?*

¿Cuál es el sistema económico de los Estados Unidos?*

Gobierno Americano
Principios de la Democracia Americana. - Parte A

RESPUESTA(S) 11

- Capitalist economy
- Market economy
- *Economía capitalista*
- *Economía de mercado*

PREGUNTA 12

What is the "rule of law"?

¿En qué consiste el "estado de derecho" (ley y orden)?

RESPUESTA(S) ⑫

- Everyone must follow the law.
- Leaders must obey the law.
- Government must obey the law.
- No one is above the law.
- *Todos deben obedecer la ley*
- *Los líderes deben obedecer la ley*
- *El gobierno debe obedecer la ley Nadie está por encima de la ley*

PREGUNTA ⓫

Name one branch or part of the government.*

Nombre una rama o parte del gobierno.*

Gobierno Americano
Sistema de Gobierno. - Parte B

RESPUESTA(S) ⓭

- Congress

- Legislative

- President

- *Congreso*
- *Poder legislativo*
- *Presidente*

- Executive

- The courts

- Judicial

- *Poder ejecutivo*
- *Los tribunales*
- *Poder judicial*

What stops one branch of government from becoming too powerful?

¿Qué es lo que evita que una rama del gobierno se vuelva demasiado poderosa?

RESPUESTA(S) 14

- Checks and balances
- Separation of powers
- *Pesos y contrapesos*
- *Separación de poderes*

Who is in charge of the executive branch?

¿Quién está a cargo de la rama ejecutiva?

Gobierno Americano
Sistema de Gobierno. - Parte B

RESPUESTA(S) ⑮

- The President
  - *Presidente*

PREGUNTA  16

Who makes federal laws?

¿Quién crea las leyes federales?

RESPUESTA(S) 16

- Congress
- Senate and House (of Representatives)
- (U.S. or national) legislature
- *El Congreso*
- *El Senado y la Cámara (de Representantes)*
- *La legislatura (nacional o de los Estados Unidos)*

PREGUNTA 17

**What are the two parts
of the U.S. Congress?***

¿Cuáles son las dos partes que integran
el Congreso de los Estados Unidos?*

Gobierno Americano
Sistema de Gobierno. - Parte B

RESPUESTA(S) ⓱

- The Senate and House (of Representatives)
  - *El Senado y la Cámara (de Representantes)*

PREGUNTA 18

How many U.S. Senators
are there?

¿Cuántos senadores de los
Estados Unidos hay?

Gobierno Americano
Sistema de Gobierno. - Parte B

RESPUESTA(S) ⑱

- One hundred (100)
  - *Cien (100)*

PREGUNTA 19

We elect a U.S. Senator
for how many years?

¿De cuántos años es el término de elección de
un senador de los Estados Unidos?

Gobierno Americano
Sistema de Gobierno. - Parte B

RESPUESTA(S) ⓳

- Six (6)
  - *Seis (6)*

PREGUNTA ⓴

Who is one of your state's U.S. Senators now?*

Nombre a uno de los senadores actuales del estado donde usted vive.*

Gobierno Americano
Sistema de Gobierno. - Parte B

RESPUESTA(S) ⓴

• Answers will vary. [District of Columbia residents and residents of U.S. territories should answer that D.C. (or the territory where the applicant lives) has no U.S. Senators.]

• *Las respuestas variarán. [Los residentes del Distrito de Columbia y los territorios de los Estados Unidos deberán contestar que D.C. (o territorio en donde vive el solicitante) no cuenta con senadores a nivel nacional].*

PREGUNTA ㉑

The House of Representatives has how many voting members?

¿Cuántos miembros votantes tiene la Cámara de Representantes?

RESPUESTA(S) ㉑

- Four hundred thirty-five (435)
  - *Cuatrocientos treinta y cinco (435)*

PREGUNTA 22

We elect a U.S. Representative for how many years?

¿De cuántos años es el término de elección de un representante de los Estados Unidos?

RESPUESTA(S) 22

- Two (2)
  - *Dos (2)*

PREGUNTA ㉓

Name your U.S. Representative.

Dé el nombre de su representante a nivel nacional.

Gobierno Americano
Sistema de Gobierno. - Parte B

RESPUESTA(S) ㉓

- Answers will vary. [Residents of territories with nonvoting Delegates or Resident Commissioners may provide the name of that Delegate or Commissioner. Also acceptable is any statement that the territory has no (voting) Representatives in Congress.]

- *Las respuestas variarán. [Los residentes de territorios con delegados no votantes o los comisionados residentes pueden decir el nombre de dicho delegado o comisionado. Una respuesta que indica que el territorio no tiene representantes votantes en el Congreso también es aceptable].*

PREGUNTA 24

Who does a U.S. Senator represent?

¿A quiénes representa un senador
de los Estados Unidos?

RESPUESTA(S) ㉔

- All people of the state
- *A todas las personas del estado*

Why do some states have more Representatives than other states?

¿Por qué tienen algunos estados más representantes que otros?

Gobierno Americano
Sistema de Gobierno. - Parte B

RESPUESTA(S) 25

- (Because of) the state's population
- (Because) they have more people
- (Because) some states have more people
- *(Debido a) la población del estado*
- *(Debido a) tienen más gente*
- *(Debido a) algunos estados tienen más gente*

PREGUNTA  26

We elect a President for
how many years?

¿De cuántos años es el término
de elección de un presidente?

- Four (4)
- *Cuatro (4)*

PREGUNTA 27

In what month do we vote for President?*

¿En qué mes votamos por un nuevo presidente?*

RESPUESTA(S) 27

- November
  - *Noviembre*

PREGUNTA 28

What is the name of the President of the United States now?*

¿Cómo se llama el actual Presidente de los Estados Unidos?*

Gobierno Americano
Sistema de Gobierno. - Parte B

RESPUESTA(S) 28

- Joseph R. Biden, Jr.
- Joe Biden
- Biden

PREGUNTA  29

What is the name of the Vice President of the United States now?

¿Cómo se llama el actual Vicepresidente de los Estados Unidos?

Gobierno Americano
Sistema de Gobierno. - Parte B

RESPUESTA(S) 29

- Kamala D. Harris
- Kamala Harris
- Harris

If the President can no longer serve, who becomes President?

Si el Presidente ya no puede cumplir sus funciones, ¿quién se convierte en Presidente?

- The Vice President
  - *El Vicepresidente*

PREGUNTA ③①

If both the President and the Vice President can no longer serve, who becomes President?

Si tanto el Presidente como el Vicepresidente ya no pueden cumplir sus funciones, ¿quién se convierte en Presidente?

Gobierno Americano
Sistema de Gobierno. - Parte B

RESPUESTA(S) ⬤31

- The Speaker of the House
- *El Presidente de la Cámara de Representantes*

PREGUNTA 32

Who is the Commander in Chief of the military?

¿Quién es el Comandante en Jefe de las Fuerzas Armadas?

Gobierno Americano
Sistema de Gobierno. - Parte B

RESPUESTA(S) 32

- The President
  - *El Presidente*

PREGUNTA 33

Who signs bills to become laws?

¿Quién firma los proyectos de ley para convertirlos en ley?

Gobierno Americano
Sistema de Gobierno. - Parte B

- The President
  - *El Presidente*

PREGUNTA 34

Who vetoes bills?

¿Quién veta los proyectos de ley?

Gobierno Americano
Sistema de Gobierno. - Parte B

RESPUESTA(S) 34

- The President
  - *El Presidente*

PREGUNTA 35

What does the President's Cabinet do?

¿Qué hace el Gabinete del Presidente?

Gobierno Americano
Sistema de Gobierno. - Parte B

RESPUESTA(S) ⬤35

- Advises the President
  - *Asesora al Presidente*

PREGUNTA  36

What are two Cabinet-level positions?

¿Cuáles son dos puestos a nivel de gabinete?

Gobierno Americano
Sistema de Gobierno. - Parte B

RESPUESTA(S) 36

- Secretary of Agriculture
- Secretary of Defense
- Secretary of Energy
- Secretary of Homeland Security
- Secretary of the Interior
- Secretary of State
- Secretary of the Treasury
- Attorney General

- Secretary of Commerce
- Secretary of Education
- Secretary of Health and Human Services
- Secretary of Housing and Urban Development
- Secretary of Labor
- Secretary of Transportation
  Secretary of Veterans Affairs
- Vice President

PREGUNTA ❸❼

What does the judicial branch do?

¿Qué hace la rama judicial?

RESPUESTA(S) 37

- Reviews laws
- Explains laws
- Resolves disputes (disagreements)
- Decides if a law goes against the Constitution
- *Revisa las leyes*
- *Explica las leyes*
- *Resuelve disputas (desacuerdos)*
- *Decide si una ley va en contra de la Constitución*

PREGUNTA 38

What is the highest court in the United States?

¿Cuál es el tribunal más alto de los Estados Unidos?

Gobierno Americano
Sistema de Gobierno. - Parte B

RESPUESTA(S) 38

- The Supreme Court
  - *La Corte Suprema*

PREGUNTA 39

How many justices are on the Supreme Court?

¿Cuántos jueces hay en la Corte Suprema?

Gobierno Americano
Sistema de Gobierno. - Parte B

RESPUESTA(S) 39

- Nine (9)
- *Nueve (9)*

PREGUNTA  40

Who is the Chief Justice of the United States now?

¿Quién es el presidente actual de la Corte Suprema de los Estados Unidos?

Gobierno Americano
Sistema de Gobierno. - Parte B

RESPUESTA(S) 40

- John Roberts
- John G. Roberts, Jr.

PREGUNTA 41

Under our Constitution, some powers belong to the federal government. What is one power of the federal government?

De acuerdo a nuestra Constitución, algunos poderes pertenecen al gobierno federal. ¿Cuál es un poder del gobierno federal?

Gobierno Americano
Sistema de Gobierno. - Parte B

RESPUESTA(S) 41

- To print money
- To declare war
- To create an army
- To make treaties
- *Imprimir dinero*
- *Declarar la guerra*
- *Crear un ejército*
- *Suscribir tratados*

PREGUNTA 42

Under our Constitution, some powers belong to the states. What is one power of the states?

De acuerdo a nuestra Constitución, algunos poderes pertenecen a los estados. ¿Cuál es un poder de los estados?

Gobierno Americano
Sistema de Gobierno. - Parte B

RESPUESTA(S) 42

- Provide schooling and education
- Provide protection (police)
- Provide safety (fire departments)
- Give a driver's license
- Approve zoning and land use
- *Proveer escuelas y educación*
- *Proveer protección (policía)*
- *Proveer seguridad (cuerpos de bomberos)*
- *Conceder licencias de conducir*
- *Aprobar la zonificación y uso de la tierra*

PREGUNTA  43

Who is the Governor of your state now?

¿Quién es el gobernador actual de su estado?

Gobierno Americano
Sistema de Gobierno. - Parte B

RESPUESTA(S) ④③

- Answers will vary. [District of Columbia residents should answer that D.C. does not have a Governor.]

- *Las respuestas variarán. [Los residentes del Distrito de Columbia deben decir "no tenemos gobernador"].*

PREGUNTA 44

What is the capital of your state?*

¿Cuál es la capital de su estado?*

Gobierno Americano
Sistema de Gobierno. - Parte B

RESPUESTA(S) ㊹

- Answers will vary. [District of Columbia residents should answer that D.C. is not a state and does not have a capital. Residents of U.S. territories should name the capital of the territory.]

- *Las respuestas variarán. [Los residentes del Distrito de Columbia deben contestar que el D.C. No es estado y que no tiene capital. Los residentes de los territorios de los Estados Unidos deben dar el nombre de la capital del territorio].*

What are the two major political parties in the United States?*

¿Cuáles son los dos principales partidos políticos de los Estados Unidos?*

Gobierno Americano
Sistema de Gobierno. - Parte B

RESPUESTA(S) 45

- Democratic and Republican
  - *Demócrata y Republicano*

PREGUNTA 46

What is the political party of the President now?

¿Cuál es el partido político del Presidente actual?

Gobierno Americano
Sistema de Gobierno. - Parte B

- Democratic (Party)
  - *(Partido) Demócrata*

PREGUNTA  47

What is the name of the Speaker of the House of Representatives now?

¿Cómo se llama el Presidente actual de la Cámara de Representantes?

Gobierno Americano
Sistema de Gobierno. - Parte B

RESPUESTA(S) 47

- Nancy Pelosi
- Pelosi

PREGUNTA 48

There are four amendments to the Constitution about who can vote. Describe one of them.

Existen cuatro enmiendas a la Constitución sobre quién puede votar. Describa una de ellas.

RESPUESTA(S) ⬤48

- Citizens eighteen (18) and older (can vote).
- You don't have to pay (a poll tax) to vote.
- Any citizen can vote. (Women and men can vote.)
- A male citizen of any race (can vote).
- *Ciudadanos de dieciocho (18) años en adelante (pueden votar).*
- *No se exige pagar un impuesto para votar (el impuesto para acudir a las urnas o "poll tax" en inglés).*
- *Cualquier ciudadano puede votar. (Tanto mujeres como hombres pueden votar).*
- *Un hombre ciudadano de cualquier raza (puede votar).*

PREGUNTA 49

What is one responsibility that is only for United States citizens?*

¿Cuál es una responsabilidad que corresponde sólo a los ciudadanos de los Estados Unidos?*

Gobierno Americano
Derechos y Responsabilidades. - Parte C

- Serve on a jury
- Vote in a federal election
- *Prestar servicio en un jurado*
- *votar en una elección federal*

PREGUNTA ⑤⓪

Name one right only for United States citizens.

¿Cuál es un derecho que pueden ejercer sólo los ciudadanos de los Estados Unidos?

Gobierno Americano
Derechos y Responsabilidades. - Parte C

RESPUESTA(S) 50

- Vote in a federal election
- Run for federal office
- *Votar en una elección federal*
- *Postularse a un cargo político federal*

What are two rights of everyone living in the United States?

¿Cuáles son dos derechos que pueden ejercer todas las personas que viven en los Estados Unidos?

Gobierno Americano
Derechos y Responsabilidades. - Parte C

RESPUESTA(S) 51

- Freedom of expression
- Freedom of speech
- Freedom of assembly
- Freedom to petition the government
- Freedom of religion
- The right to bear arms

- *Libertad de expresión*
- *Libertad de la palabra*
- *Libertad de reunión*
- *Libertad para peticionar al gobierno*
- *Libertad de religión*
- *Derecho a portar armas*

What do we show loyalty to when we say the Pledge of Allegiance?

¿A qué demostramos nuestra lealtad cuando decimos el Juramento de Lealtad (Pledge of Allegiance)?

Gobierno Americano
Derechos y Responsabilidades. - Parte C

RESPUESTA(S) 52

- The United States
- The flag
- *A los Estados Unidos*
- *A la bandera*

What is one promise you make when you become a United States citizen?

¿Cuál es una promesa que usted hace cuando se convierte en ciudadano de los Estados Unidos?

Gobierno Americano
Derechos y Responsabilidades. - Parte C

RESPUESTA(S) 53

- Give up loyalty to other countries
- Defend the Constitution and laws of the United States
- Obey the laws of the United States
- Serve in the U.S. military (if needed)
- Serve (do important work for) the nation (if needed)

- Be loyal to the United States

- *Renunciar a la lealtad a otros países*
- *Defender la Constitución y las leyes de los Estados Unidos*
- *Obedecer las leyes de los Estados Unidos*
- *Prestar servicio en las Fuerzas Armadas de los Estados Unidos (de ser necesario)*
- *Prestar servicio a (realizar trabajo importante para) la nación (de ser necesario)*
- *Ser leal a los Estados Unidos*

PREGUNTA 54

How old do citizens have to be to vote for President?*

¿Cuántos años tienen que tener los ciudadanos para votar por el Presidente?*

Gobierno Americano
Derechos y Responsabilidades. - Parte C

RESPUESTA(S) **54**

- Eighteen (18) and older
- *Dieciocho (18) años en adelante*

PREGUNTA 55

What are two ways that Americans can participate in their democracy?

¿Cuáles son dos maneras mediante las cuales los ciudadanos americanos pueden participar en su democracia?

Gobierno Americano
Derechos y Responsabilidades. - Parte C

RESPUESTA(S) 55

- Vote
- Help with a campaign
- Join a community group
- Call Senators and Representatives
- Run for office
- Join a political party

- Join a civic group
- Give an elected official your opinion on an issue
- Publicly support or oppose an issue or policy
- Write to a newspaper

- *Votar*
- *Ayudar en una campaña*
- *Unirse a un grupo comunitario*
- *Llamar a los senadores y representantes*
- *Postularse a un cargo político*
- *Afiliarse a un partido político*

- *Unirse a un grupo cívico*
- *Compartir su opinión acerca de un asunto con un oficial electo*
- *Apoyar u oponerse públicamente a un asunto o política*
- *Enviar una carta o mensaje a un periódico*

PREGUNTA 56

When is the last day you can send in federal income tax forms?*

¿Cuál es la fecha límite para enviar la declaración federal de impuestos sobre ingresos?*

Gobierno Americano
Derechos y Responsabilidades. - Parte C

- April 15
- *El 15 de abril*

PREGUNTA 57

When must all men register for the Selective Service?

¿Cuándo deben inscribirse todos los hombres en el Servicio Selectivo?

RESPUESTA(S) 57

- At age eighteen (18)
- Between eighteen (18) and twenty-six (26)
- *A la edad de dieciocho (18) años*
- *Entre los dieciocho (18) y veintiséis (26) años de edad*

PREGUNTA 58

What is one reason colonists came to America?

¿Cuál es una razón por la que los colonos vinieron a América?

Historia Estadounidense
Epoca colonial e independencia. - Parte A

RESPUESTA(S) 58

- Freedom
- Political liberty
- Religious freedom
- Economic opportunity
- Practice their religion
- Escape persecution

- *Libertad*
- *Libertad política*
- *Libertad religiosa*
- *Oportunidad económica*
- *Para practicar su religión*
- *Para huir de la persecución*

PREGUNTA 59

Who lived in America before the Europeans arrived?

¿Quiénes vivían en lo que hoy conocemos como los Estados Unidos antes de la llegada de los europeos?

Historia Estadounidense
Epoca colonial e independencia. – Parte A

RESPUESTA(S) 59

- American Indians
- Native Americans
- *Indios americanos*
- *Nativos americanos*

PREGUNTA  60

What group of people was taken to America and sold as slaves?

¿Qué grupo de personas fue traído a los Estados Unidos y vendidos como esclavos?

Historia Estadounidense
Epoca colonial e independencia. - Parte A

RESPUESTA(S) 60

- Africans
- People from Africa
- *Indios americanos*
- *Nativos americanos*

PREGUNTA  61

Why did the colonists fight the British?

¿Por qué lucharon los colonos contra los británicos?

Historia Estadounidense
Epoca colonial e independencia. - Parte A

RESPUESTA(S) 61

- Because of high taxes (taxation without representation)
- Because the British army stayed in their houses (boarding, quartering)
- Because they didn't have self-government

- *Debido a los impuestos altos (impuestos sin representación)*
- *El ejército británico estaba en sus casas (alojándose, acuartelándose)*
- *Porque no tenían gobierno propio*

PREGUNTA  62

Who wrote the Declaration of Independence?

¿Quién escribió la Declaración de Independencia?

Historia Estadounidense
Epoca colonial e independencia. - Parte A

RESPUESTA(S) ⬤62

- (Thomas) Jefferson

PREGUNTA 63

When was the Declaration of Independence adopted?

¿Cuándo fue adoptada la Declaración de Independencia?

Historia Estadounidense
Epoca colonial e independencia. – Parte A

RESPUESTA(S) **63**

- July 4, 1776
- *El 4 de julio de 1776*

PREGUNTA 64

**There were 13 original states.
Name three.**

Había 13 estados originales. Nombre tres.

Historia Estadounidense
Epoca colonial e independencia. - Parte A

RESPUESTA(S) ⬤64

- New Hampshire
- Massachusetts
- Rhode Island
- Connecticut
- New York
- New Jersey
- Pennsylvania
- Delaware
- Maryland
- Virginia
- North Carolina
- South Carolina
- Georgia

PREGUNTA 65

What happened at the Constitutional Convention?

¿Qué ocurrió en la Convención Constitucional?

Historia Estadounidense
Epoca colonial e independencia. – Parte A

- The Constitution was written.
- The Founding Fathers wrote the Constitution.
- *Se redactó la Constitución.*
- *Los Padres Fundadores redactaron la Constitución.*

PREGUNTA 66

When was the Constitution written?

¿Cuándo fue redactada la Constitución?

RESPUESTA(S) 66

- 1787

PREGUNTA 67

The Federalist Papers supported the passage of the U.S. Constitution. Name one of the writers.

Los escritos conocidos como "Los Documentos Federalistas" respaldaron la aprobación de la Constitución de los Estados Unidos. Nombre uno de sus autores.

Historia Estadounidense
Epoca colonial e independencia. - Parte A

RESPUESTA(S) 67

- (James) Madison
- (Alexander) Hamilton
- (John) Jay
- Publius

PREGUNTA 68

What is one thing Benjamin Franklin is famous for?

Mencione una razón por la que es famoso Benjamin Franklin.

Historia Estadounidense
Epoca colonial e independencia. - Parte A

RESPUESTA(S) 68

- U.S. diplomat
- Oldest member of the Constitutional Convention
- First Postmaster General of the United States
- Writer of "Poor Richard's Almanac"
- Started the first free libraries

- *Diplomático americano*
- *El miembro de mayor edad de la Convención Constitucional*
- *Primer Director General de Correos de Estados Unidos*
- *Autor de "Poor Richard's Almanac" (Almanaque del Pobre Richard)*
- *Fundó las primeras bibliotecas gratuitas*

PREGUNTA  69

Who is the "Father of Our Country"?

¿Quién se conoce como el "Padre de Nuestra Nación"?

Historia Estadounidense
Epoca colonial e independencia. – Parte A

RESPUESTA(S)  69

- (George) Washington

PREGUNTA 70

Who was the first President?*

¿Quién fue el primer Presidente?*

Historia Estadounidense
Epoca colonial e independencia. – Parte A

RESPUESTA(S) 70

- (George) Washington

PREGUNTA **71**

What territory did the United States buy from France in 1803?

¿Qué territorio compró Estados Unidos a Francia en 1803?

Historia Estadounidense
Los años 1800 - Parte B

- The Louisiana Territory
- Louisiana
- *El territorio de Louisiana*
- *Luisiana*

PREGUNTA 72

Name one war fought by the United States in the 1800s.

Mencione una guerra en la que peleó los Estados Unidos durante los años 1800.

Historia Estadounidense
Los años 1800 - Parte B

RESPUESTA(S) 72

- War of 1812
- Mexican-American War
- Civil War
- Spanish-American War

- *La Guerra de 1812*
- *La Guerra entre México y los Estados Unidos*
- *La Guerra Civil*
- *La Guerra Hispano-Estadounidense (Hispano-americana)*

PREGUNTA **73**

Name the U.S. war between the North and the South.

Dé el nombre de la guerra entre el Norte y el Sur de los Estados Unidos.

Historia Estadounidense
Los años 1800 - Parte B

- The Civil War
- The War between the States
- *La Guerra Civil*
- *La Guerra entre los Estados*

PREGUNTA  74

Name one problem that led to the Civil War.

Mencione un problema que condujo a la Guerra Civil.

Historia Estadounidense
Los años 1800 – Parte B

RESPUESTA(S) 74

- Slavery
- Economic reasons
- States' rights
- *Esclavitud*
- *Razones Económicas*
- *Derechos de los estados*

What was one important thing that Abraham Lincoln did?*

¿Cuál fue una cosa importante que hizo Abraham Lincoln?*

Historia Estadounidense
Los años 1800 - Parte B

RESPUESTA(S) 75

- Freed the slaves (Emancipation Proclamation)
- Saved (or preserved) the Union
- Led the United States during the Civil War
- *Liberó a los esclavos (Proclamación de la Emancipación)*
- *Salvó (o preservó) la Unión*
- *Presidió los Estados Unidos durante la Guerra Civil*

PREGUNTA 76

What did the Emancipation Proclamation do?

¿Qué hizo la Proclamación de la Emancipación?

Historia Estadounidense
Los años 1800 - Parte B

RESPUESTA(S) 76

- Freed the slaves
- Freed slaves in the Confederacy
- Freed slaves in the Confederate states
- Freed slaves in most Southern states
- *Liberó a los esclavos*
- *Liberó a los esclavos de la Confederación*
- *Liberó a los esclavos en los estados de la Confederación*
- *Liberó a los esclavos en la mayoría de los estados del sur*

What did Susan B. Anthony do?

¿Qué hizo Susan B. Anthony?

Historia Estadounidense
Los años 1800 - Parte B

RESPUESTA(S) 77

- Fought for women's rights
- Fought for civil right
- *Luchó por los derechos de la mujer*
- *Luchó por los derechos civiles*

PREGUNTA 78

Name one war fought by the United States in the 1900s.

Mencione una guerra durante los años 1900 en la que peleó los Estados Unidos.*

RESPUESTA(S) 78

- World War I
- World War II
- Korean War
- Vietnam War
- (Persian) Gulf War
- *La Primera Guerra Mundial*
- *La Segunda Guerra Mundial*
- *La Guerra de Corea*
- *La Guerra de Vietnam*
- *La Guerra del Golfo (Pérsico)*

Who was President during World War I?

¿Quién era el presidente durante la Primera Guerra Mundial?

Historia Estadounidense Reciente y Otra Informacion Historica Importante. - Parte C

RESPUESTA(S) 79

- (Woodrow) Wilson

PREGUNTA 80

Who was President during the Great Depression and World War II?

¿Quién era presidente durante la Gran Depresión y la Segunda Guerra Mundial?

RESPUESTA(S) 80

- (Franklin) Roosevelt

PREGUNTA 81

Who did the United States fight in World War II?

¿Contra qué países peleó Estados Unidos en la Segunda Guerra Mundial?

Historia Estadounidense Reciente y Otra Informacion Historica Importante. - Parte C

RESPUESTA(S) 81

- Japan, Germany, and Italy
  - *Japón, Alemania e Italia*

PREGUNTA  82

Before he was President, Eisenhower was a general. What war was he in?

Antes de ser presidente, Eisenhower era general. ¿En qué guerra participó?

Historia Estadounidense Reciente y Otra Informacion Historica Importante. - Parte C

- World War II
- *Segunda Guerra Mundial*

PREGUNTA  83

During the Cold War, what was the main concern of the United States?

Durante la Guerra Fría, ¿cuál era la principal preocupación de los Estados Unidos?

RESPUESTA(S) 83

- Communism
  - *Comunismo*

PREGUNTA 84

What movement tried to end racial discrimination?

¿Qué movimiento trató de poner fin a la discriminación racial?

Historia Estadounidense Reciente y Otra Informacion Historica Importante. - Parte C

RESPUESTA(S) 84

- Civil rights (movement)
- *(El movimiento de) derechos civiles*

PREGUNTA 85

What did Martin Luther King, Jr. do?*

¿Qué hizo Martin Luther King, Jr.?*

Historia Estadounidense Reciente y Otra
Informacion Historica Importante. - Parte C

RESPUESTA(S) 85

- Fought for civil rights
- Worked for equality for all Americans
- *Luchó por los derechos civiles*
- *Trabajó por la igualdad de todos los ciudadanos americanos*

PREGUNTA 86

What major event happened on September 11, 2001, in the United States?

¿Qué suceso de gran magnitud ocurrió el 11 de septiembre de 2001 en los Estados Unidos?

Historia Estadounidense Reciente y Otra Informacion Historica Importante. - Parte C

RESPUESTA(S) 86

- Terrorists attacked the United States.
  - *Terroristas atacaron los Estados Unidos.*

PREGUNTA 87

Name one American Indian tribe in the United States.
[USCIS Officers will be supplied with a list of federally recognized American Indian tribes.]

Mencione una tribu de indios americanos en los Estados Unidos. [A los oficiales del USCIS se les dará una lista de tribus amerindias reconocidas a nivel federal].

Historia Estadounidense Reciente y Otra Informacion Historica Importante. - Parte C

RESPUESTA(S) 87

- Cherokee
- Cheyenne
- Navajo
- Arawak
- Sioux
- Shawnee

- Chippewa
- Mohegan
- Choctaw
- Huron
- Pueblo
- Oneida

- Georgia
- Apache
- Lakota
- Iroquois
- Crow
- Creek

- Teton
- Blackfeet
- Hopi
- Seminole
- Inuit

PREGUNTA 88

Name one of the two longest rivers in the United States.

Mencione uno de los dos ríos más largos en los Estados Unidos.

Educacion Civica Integrada
Geografia- Parte A

RESPUESTA(S) 88

- Missouri (River)
- Mississippi (River)
- *(El Río) Missouri*
- *(El Río) Mississippi*

PREGUNTA 89

What ocean is on the West Coast of the United States?

¿Qué océano está en la costa oeste de los Estados Unidos?

Educacion Civica Integrada
Geografia- Parte A

RESPUESTA(S) 89

- Pacific (Ocean)
- *(El Océano) Pacífico*

PREGUNTA 90

What ocean is on the East Coast of the United States?

¿Qué océano está en la costa este de los Estados Unidos?

Educacion Civica Integrada
Geografia- Parte A

RESPUESTA(S) 90

- Atlantic (Ocean)
- *(El Océano) Atlántico*

PREGUNTA 91

Name one U.S. territory.

Dé el nombre de un territorio de los Estados Unidos.

Educacion Civica Integrada
Geografia- Parte A

RESPUESTA(S) 91

- Puerto Rico
- U.S. Virgin Islands
- American Samoa
- Northern Mariana Islands
- Guam

- *Puerto Rico*
- *Islas Vírgenes de Estados Unidos*
- *Samoa Estadounidense*
- *Islas Marianas del Norte*
- *Guam*

PREGUNTA 92

Name one state that borders Canada.

Mencione un estado que tiene frontera con Canadá.

Educacion Civica Integrada
Geografia- Parte A

RESPUESTA(S) 92

- Maine
- Minnesota
- New Hampshire
- North Dakota
- Vermont
- Montana
- New York
- Idaho
- Pennsylvania
- Washington
- Ohio
- Alaska
- Michigan

PREGUNTA 93

Name one state that borders Mexico.

Mencione un estado que tiene frontera con México.

RESPUESTA(S) 93

- California
- Arizona
- New Mexico
- Texas

PREGUNTA 94

What is the capital of the United States?*

¿Cuál es la capital de los Estados Unidos?*

Educacion Civica Integrada
Geografia- Parte A

RESPUESTA(S) 94

- Washington, D.C.

PREGUNTA 95

Where is the Statue of Liberty?*

¿Dónde está la Estatua de la Libertad?*

Educacion Civica Integrada
Geografia- Parte A

RESPUESTA(S) 95

- New York (Harbor)
- Liberty Island

[Also acceptable are New Jersey, near New York City, and on the Hudson (River).]

- *(El puerto de) Nueva York*
- *Liberty Island*

[Otras respuestas aceptables son Nueva Jersey, cerca de la Ciudad de Nueva York y (el Río) Hudson].

PREGUNTA 96

Why does the flag have 13 stripes?

¿Por qué hay 13 franjas en la bandera?

Educacion Civica Integrada
Simbolos- Parte B

RESPUESTA(S) 96

- Because there were 13 original colonies
- Because the stripes represent the original colonies

- *Porque representan las 13 colonias originales*
- *Porque las franjas representan las colonias originales*

PREGUNTA 97

Why does the flag have 50 stars?*

¿Por qué hay 50 estrellas
en la bandera?*

Educacion Civica Integrada
Simbolos- Parte B

RESPUESTA(S) 97

- Because there is one star for each state
- Because each star represents a state
- Because there are 50 states

- *Porque hay una estrella por cada estado*
  Porque cada estrella representa un estado
- *Porque hay 50 estados*

PREGUNTA 98

What is the name of the national anthem?

¿Cómo se llama el himno nacional?

Educacion Civica Integrada
Simbolos- Parte B

RESPUESTA(S) 98

• The Star-Spangled Banner

PREGUNTA 99

When do we celebrate Independence Day?*

¿Cuándo celebramos el Día de la Independencia?*

Educacion Civica Integrada
Simbolos- Parte B

RESPUESTA(S) 99

- July 4
- *El 4 de julio*

PREGUNTA 100

Name two national U.S. holidays.

Mencione dos días feriados nacionales
de los Estados Unidos.

RESPUESTA(S) 💯

- New Year's Day
- Martin Luther King, Jr. Day
- Presidents' Day
- Memorial Day
- Independence Day
- Labor Day
- Columbus Day
- Veterans Day
- Thanksgiving
- Christmas

- *El Día de Año Nuevo*
- *El Día de Martin Luther King, Jr.*
- *El Día de los Presidentes*
- *El Día de la Recordación*
- *El Día de la Independencia*
- *El Día del Trabajo*
- *El Día de la Raza (Cristóbal Colón)*
- *El Día de los Veteranos*
- *El Día de Acción de Gracias*
- *El Día de Navidad*

Ejercicios de Lectura

USCIS publicó la lista de vocabulario de lectura que contiene todas las palabras que se encuentran en la parte de lectura en inglés del examen de naturalización. En las siguientes páginas encontrará el vocabulario de lectura centrado en temas de cívica e historia.

Debe poder leer una (1) de cada tres (3) oraciones correctamente para demostrar su capacidad de leer en inglés; si lo hace, aprobará el examen de lectura.

Ejercicios de Lectura
(Gente)

- Abraham Lincoln
- George Washington

Ejercicios de Lectura
(Cívico)

- American flag
- Bill of Rights
- capital
- citizen
- city
- Congress
- country

- Father of Our Country
- government
- President
- right
- Senators
- state/states
- White House

Ejercicios de Lectura
(Lugares)

- America
- United States
- U.S.

Ejercicios de Lectura
(Días festivos)

- Presidents' Day
- Memorial Day
- Flag Day
- Independence Day

- Independence Day
- Columbus Day
- Thanksgiving

Ejercicios de Lectura
(Preguntas)

- How
- What
- When

- Where
- Who
- Why

Ejercicios de Lectura
(Verbos)

- can
- come
- do/does
- elects
- have/has
- lives/lived

- meet
- name
- pay
- vote
- want

Ejercicios de Lectura
(Otros)

- a
- for
- here
- in
- of

- on
- the
- to
- we

Ejercicios de Lectura
(Otros)

- colors
- dollar bill
- first
- largest
- many
- most

- north
- one
- people
- second
- south

Ejercicios de Escritura

USCIS publicó la lista de vocabulario de escritura que contiene todas las palabras que se encuentran en la parte de escritura en inglés de la prueba de naturalización. En las siguientes páginas encontrará el vocabulario de escritura centrado en temas de cívica e historia.

Debe escribir correctamente una (1) de cada tres (3) oraciones para aprobar el examen de redacción.

Ejercicios de Escritura
(Gente)

- Adams
- Lincoln
- Washington

Estudie esta frase o palabras hasta que esté seguro de haberlas memorizado. En la página siguiente podrás practicar la escritura de esta oración o palabras. También debes prestar atención si las palabras comienzan con letras mayúsculas.

A continuación, escriba la frase o palabras estudiadas en la página anterior. Escríbalo de memoria sin mirar la página anterior. Después de escribirlas podrá verificarlas y marcarlas con una "X" si las escribió mal o con una "√" si las escribió correctamente. Si lo escribió mal en la primera columna, tiene otra oportunidad de escribirlo correctamente en la segunda columna. Debe tapar, con un papelito, la primera columna cuando vaya a rellenar la segunda columna. Si lo necesita, hay páginas de ejercicios adicionales antes del final del libro.

_____ ☐	_____ ☐
_____ ☐	_____ ☐
_____ ☐	_____ ☐

Ejercicios de Escritura
(Cívica)

- American Indians
- capital
- citizens
- Civil War

Estudie esta frase o palabras hasta que esté seguro de haberlas memorizado. En la página siguiente podrás practicar la escritura de esta oración o palabras. También debes prestar atención si las palabras comienzan con letras mayúsculas.

A continuación, escriba la frase o palabras estudiadas en la página anterior. Escríbalo de memoria sin mirar la página anterior. Después de escribirlas podrá verificarlas y marcarlas con una "X" si las escribió mal o con una "√" si las escribió correctamente. Si lo escribió mal en la primera columna, tiene otra oportunidad de escribirlo correctamente en la segunda columna. Debe tapar, con un papelito, la primera columna cuando vaya a rellenar la segunda columna. Si lo necesita, hay páginas de ejercicios adicionales antes del final del libro.

_____ ☐   _____ ☐

_____ ☐   _____ ☐

_____ ☐   _____ ☐

_____ ☐   _____ ☐

Ejercicios de Escritura
(Cívica)

- Congress
- Father or Our Country
- flag
- free

Estudie esta frase o palabras hasta que esté seguro de haberlas memorizado. En la página siguiente podrás practicar la escritura de esta oración o palabras. También debes prestar atención si las palabras comienzan con letras mayúsculas.

A continuación, escriba la frase o palabras estudiadas en la página anterior. Escríbalo de memoria sin mirar la página anterior. Después de escribirlas podrá verificarlas y marcarlas con una "X" si las escribió mal o con una "√" si las escribió correctamente. Si lo escribió mal en la primera columna, tiene otra oportunidad de escribirlo correctamente en la segunda columna. Debe tapar, con un papelito, la primera columna cuando vaya a rellenar la segunda columna. Si lo necesita, hay páginas de ejercicios adicionales antes del final del libro.

_____ □   _____ □

_____ □   _____ □

_____ □   _____ □

_____ □   _____ □

Ejercicios de Escritura
(CCívica)

- freedom of speech
- President
- right
- Senators

Estudie esta frase o palabras hasta que esté seguro de haberlas memorizado. En la página siguiente podrás practicar la escritura de esta oración o palabras. También debes prestar atención si las palabras comienzan con letras mayúsculas.

A continuación, escriba la frase o palabras estudiadas en la página anterior. Escríbalo de memoria sin mirar la página anterior. Después de escribirlas podrá verificarlas y marcarlas con una "X" si las escribió mal o con una "√" si las escribió correctamente. Si lo escribió mal en la primera columna, tiene otra oportunidad de escribirlo correctamente en la segunda columna. Debe tapar, con un papelito, la primera columna cuando vaya a rellenar la segunda columna. Si lo necesita, hay páginas de ejercicios adicionales antes del final del libro.

Ejercicios de Escritura
(Cívica)

- state/states
- White House

Estudie esta frase o palabras hasta que esté seguro de haberlas memorizado. En la página siguiente podrás practicar la escritura de esta oración o palabras. También debes prestar atención si las palabras comienzan con letras mayúsculas.

A continuación, escriba la frase o palabras estudiadas en la página anterior. Escríbalo de memoria sin mirar la página anterior. Después de escribirlas podrá verificarlas y marcarlas con una "X" si las escribió mal o con una "√" si las escribió correctamente. Si lo escribió mal en la primera columna, tiene otra oportunidad de escribirlo correctamente en la segunda columna. Debe tapar, con un papelito, la primera columna cuando vaya a rellenar la segunda columna. Si lo necesita, hay páginas de ejercicios adicionales antes del final del libro.

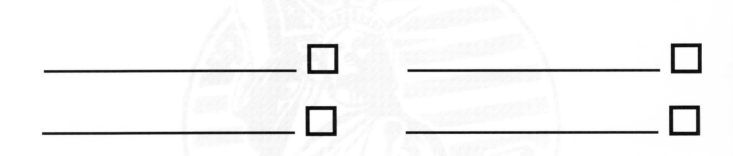

Ejercicios de Escritura
(Lugares)

- Alaska
- California
- Canada
- Delaware

Estudie esta frase o palabras hasta que esté seguro de haberlas memorizado. En la página siguiente podrás practicar la escritura de esta oración o palabras. También debes prestar atención si las palabras comienzan con letras mayúsculas.

A continuación, escriba la frase o palabras estudiadas en la página anterior. Escríbalo de memoria sin mirar la página anterior. Después de escribirlas podrá verificarlas y marcarlas con una "X" si las escribió mal o con una "√" si las escribió correctamente. Si lo escribió mal en la primera columna, tiene otra oportunidad de escribirlo correctamente en la segunda columna. Debe tapar, con un papelito, la primera columna cuando vaya a rellenar la segunda columna. Si lo necesita, hay páginas de ejercicios adicionales antes del final del libro.

_____ ☐   _____ ☐

_____ ☐   _____ ☐

_____ ☐   _____ ☐

_____ ☐   _____ ☐

Ejercicios de Escritura
(Lugares)

- Mexico
- New York City
- United States
- Washington

Estudie esta frase o palabras hasta que esté seguro de haberlas memorizado. En la página siguiente podrás practicar la escritura de esta oración o palabras. También debes prestar atención si las palabras comienzan con letras mayúsculas.

A continuación, escriba la frase o palabras estudiadas en la página anterior. Escríbalo de memoria sin mirar la página anterior. Después de escribirlas podrá verificarlas y marcarlas con una "X" si las escribió mal o con una "√" si las escribió correctamente. Si lo escribió mal en la primera columna, tiene otra oportunidad de escribirlo correctamente en la segunda columna. Debe tapar, con un papelito, la primera columna cuando vaya a rellenar la segunda columna. Si lo necesita, hay páginas de ejercicios adicionales antes del final del libro.

_____ ☐   _____ ☐

_____ ☐   _____ ☐

_____ ☐   _____ ☐

_____ ☐   _____ ☐

Ejercicios de Escritura
(Lugares)

. Washington, D.C.

Estudie esta frase o palabras hasta que esté seguro de haberlas memorizado. En la página siguiente podrás practicar la escritura de esta oración o palabras. También debes prestar atención si las palabras comienzan con letras mayúsculas.

A continuación, escriba la frase o palabras estudiadas en la página anterior. Escríbalo de memoria sin mirar la página anterior. Después de escribirlas podrá verificarlas y marcarlas con una "X" si las escribió mal o con una "√" si las escribió correctamente. Si lo escribió mal en la primera columna, tiene otra oportunidad de escribirlo correctamente en la segunda columna. Debe tapar, con un papelito, la primera columna cuando vaya a rellenar la segunda columna. Si lo necesita, hay páginas de ejercicios adicionales antes del final del libro.

_____ ☐   _____ ☐

Ejercicios de Escritura
(Meses)

- February
- May
- June
- July

Estudie esta frase o palabras hasta que esté seguro de haberlas memorizado. En la página siguiente podrás practicar la escritura de esta oración o palabras. También debes prestar atención si las palabras comienzan con letras mayúsculas.

A continuación, escriba la frase o palabras estudiadas en la página anterior. Escríbalo de memoria sin mirar la página anterior. Después de escribirlas podrá verificarlas y marcarlas con una "X" si las escribió mal o con una "√" si las escribió correctamente. Si lo escribió mal en la primera columna, tiene otra oportunidad de escribirlo correctamente en la segunda columna. Debe tapar, con un papelito, la primera columna cuando vaya a rellenar la segunda columna. Si lo necesita, hay páginas de ejercicios adicionales antes del final del libro.

Ejercicios de Escritura
(Meses)

- September
- October
- November

Estudie esta frase o palabras hasta que esté seguro de haberlas memorizado. En la página siguiente podrás practicar la escritura de esta oración o palabras. También debes prestar atención si las palabras comienzan con letras mayúsculas.

A continuación, escriba la frase o palabras estudiadas en la página anterior. Escríbalo de memoria sin mirar la página anterior. Después de escribirlas podrá verificarlas y marcarlas con una "X" si las escribió mal o con una "√" si las escribió correctamente. Si lo escribió mal en la primera columna, tiene otra oportunidad de escribirlo correctamente en la segunda columna. Debe tapar, con un papelito, la primera columna cuando vaya a rellenar la segunda columna. Si lo necesita, hay páginas de ejercicios adicionales antes del final del libro.

_____ ☐   _____ ☐

_____ ☐   _____ ☐

_____ ☐   _____ ☐

Ejercicios de Escritura
(Fiestas)

- Presidents' Day
- Memorial Day
- Flag Day
- Independence Day

Estudie esta frase o palabras hasta que esté seguro de haberlas memorizado. En la página siguiente podrás practicar la escritura de esta oración o palabras. También debes prestar atención si las palabras comienzan con letras mayúsculas.

A continuación, escriba la frase o palabras estudiadas en la página anterior. Escríbalo de memoria sin mirar la página anterior. Después de escribirlas podrá verificarlas y marcarlas con una "X" si las escribió mal o con una "√" si las escribió correctamente. Si lo escribió mal en la primera columna, tiene otra oportunidad de escribirlo correctamente en la segunda columna. Debe tapar, con un papelito, la primera columna cuando vaya a rellenar la segunda columna. Si lo necesita, hay páginas de ejercicios adicionales antes del final del libro.

Ejercicios de Escritura
(Fiestas)

- Labor Day
- Columbus Day
- Thanksgiving

Estudie esta frase o palabras hasta que esté seguro de haberlas memorizado. En la página siguiente podrás practicar la escritura de esta oración o palabras. También debes prestar atención si las palabras comienzan con letras mayúsculas.

A continuación, escriba la frase o palabras estudiadas en la página anterior. Escríbalo de memoria sin mirar la página anterior. Después de escribirlas podrá verificarlas y marcarlas con una "X" si las escribió mal o con una "√" si las escribió correctamente. Si lo escribió mal en la primera columna, tiene otra oportunidad de escribirlo correctamente en la segunda columna. Debe tapar, con un papelito, la primera columna cuando vaya a rellenar la segunda columna. Si lo necesita, hay páginas de ejercicios adicionales antes del final del libro.

_____ ☐   _____ ☐

_____ ☐   _____ ☐

_____ ☐   _____ ☐

Ejercicios de Escritura
(Verbos)

- can

- come

- elect

- have/has

Estudie esta frase o palabras hasta que esté seguro de haberlas memorizado. En la página siguiente podrás practicar la escritura de esta oración o palabras. También debes prestar atención si las palabras comienzan con letras mayúsculas.

A continuación, escriba la frase o palabras estudiadas en la página anterior. Escríbalo de memoria sin mirar la página anterior. Después de escribirlas podrá verificarlas y marcarlas con una "X" si las escribió mal o con una "√" si las escribió correctamente. Si lo escribió mal en la primera columna, tiene otra oportunidad de escribirlo correctamente en la segunda columna. Debe tapar, con un papelito, la primera columna cuando vaya a rellenar la segunda columna. Si lo necesita, hay páginas de ejercicios adicionales antes del final del libro.

_____ ☐   _____ ☐

_____ ☐   _____ ☐

_____ ☐   _____ ☐

_____ ☐   _____ ☐

Ejercicios de Escritura
(Verbos)

- is/was/be
- lives/lived
- want

Estudie esta frase o palabras hasta que esté seguro de haberlas memorizado. En la página siguiente podrás practicar la escritura de esta oración o palabras. También debes prestar atención si las palabras comienzan con letras mayúsculas.

A continuación, escriba la frase o palabras estudiadas en la página anterior. Escríbalo de memoria sin mirar la página anterior. Después de escribirlas podrá verificarlas y marcarlas con una "X" si las escribió mal o con una "√" si las escribió correctamente. Si lo escribió mal en la primera columna, tiene otra oportunidad de escribirlo correctamente en la segunda columna. Debe tapar, con un papelito, la primera columna cuando vaya a rellenar la segunda columna. Si lo necesita, hay páginas de ejercicios adicionales antes del final del libro.

Ejercicios de Escritura
(Otros)

- and
- during
- for
- here

Estudie esta frase o palabras hasta que esté seguro de haberlas memorizado. En la página siguiente podrás practicar la escritura de esta oración o palabras. También debes prestar atención si las palabras comienzan con letras mayúsculas.

A continuación, escriba la frase o palabras estudiadas en la página anterior. Escríbalo de memoria sin mirar la página anterior. Después de escribirlas podrá verificarlas y marcarlas con una "X" si las escribió mal o con una "√" si las escribió correctamente. Si lo escribió mal en la primera columna, tiene otra oportunidad de escribirlo correctamente en la segunda columna. Debe tapar, con un papelito, la primera columna cuando vaya a rellenar la segunda columna. Si lo necesita, hay páginas de ejercicios adicionales antes del final del libro.

Ejercicios de Escritura
(Otros)

- in

- of

- on

- the

Estudie esta frase o palabras hasta que esté seguro de haberlas memorizado. En la página siguiente podrás practicar la escritura de esta oración o palabras. También debes prestar atención si las palabras comienzan con letras mayúsculas.

A continuación, escriba la frase o palabras estudiadas en la página anterior. Escríbalo de memoria sin mirar la página anterior. Después de escribirlas podrá verificarlas y marcarlas con una "X" si las escribió mal o con una "√" si las escribió correctamente. Si lo escribió mal en la primera columna, tiene otra oportunidad de escribirlo correctamente en la segunda columna. Debe tapar, con un papelito, la primera columna cuando vaya a rellenar la segunda columna. Si lo necesita, hay páginas de ejercicios adicionales antes del final del libro.

Ejercicios de Escritura
(Otros)

- to

- we

Estudie esta frase o palabras hasta que esté seguro de haberlas memorizado. En la página siguiente podrás practicar la escritura de esta oración o palabras. También debes prestar atención si las palabras comienzan con letras mayúsculas.

A continuación, escriba la frase o palabras estudiadas en la página anterior. Escríbalo de memoria sin mirar la página anterior. Después de escribirlas podrá verificarlas y marcarlas con una "X" si las escribió mal o con una "√" si las escribió correctamente. Si lo escribió mal en la primera columna, tiene otra oportunidad de escribirlo correctamente en la segunda columna. Debe tapar, con un papelito, la primera columna cuando vaya a rellenar la segunda columna. Si lo necesita, hay páginas de ejercicios adicionales antes del final del libro.

_____ □   _____ □

_____ □   _____ □

Ejercicios de Escritura
(Otros)

- blue
- dollar bill
- fifty (50)
- first

Estudie esta frase o palabras hasta que esté seguro de haberlas memorizado. En la página siguiente podrás practicar la escritura de esta oración o palabras. También debes prestar atención si las palabras comienzan con letras mayúsculas.

A continuación, escriba la frase o palabras estudiadas en la página anterior. Escríbalo de memoria sin mirar la página anterior. Después de escribirlas podrá verificarlas y marcarlas con una "X" si las escribió mal o con una "√" si las escribió correctamente. Si lo escribió mal en la primera columna, tiene otra oportunidad de escribirlo correctamente en la segunda columna. Debe tapar, con un papelito, la primera columna cuando vaya a rellenar la segunda columna. Si lo necesita, hay páginas de ejercicios adicionales antes del final del libro.

Ejercicios de Escritura
(Otros)

- largest
- most
- north
- one

Estudie esta frase o palabras hasta que esté seguro de haberlas memorizado. En la página siguiente podrás practicar la escritura de esta oración o palabras. También debes prestar atención si las palabras comienzan con letras mayúsculas.

A continuación, escriba la frase o palabras estudiadas en la página anterior. Escríbalo de memoria sin mirar la página anterior. Después de escribirlas podrá verificarlas y marcarlas con una "X" si las escribió mal o con una "√" si las escribió correctamente. Si lo escribió mal en la primera columna, tiene otra oportunidad de escribirlo correctamente en la segunda columna. Debe tapar, con un papelito, la primera columna cuando vaya a rellenar la segunda columna. Si lo necesita, hay páginas de ejercicios adicionales antes del final del libro.

_____ ☐	_____ ☐
_____ ☐	_____ ☐
_____ ☐	_____ ☐
_____ ☐	_____ ☐

Ejercicios de Escritura
(Otros)

- one hundred (100)
- people
- red
- second

Estudie esta frase o palabras hasta que esté seguro de haberlas memorizado. En la página siguiente podrás practicar la escritura de esta oración o palabras. También debes prestar atención si las palabras comienzan con letras mayúsculas.

A continuación, escriba la frase o palabras estudiadas en la página anterior. Escríbalo de memoria sin mirar la página anterior. Después de escribirlas podrá verificarlas y marcarlas con una "X" si las escribió mal o con una "√" si las escribió correctamente. Si lo escribió mal en la primera columna, tiene otra oportunidad de escribirlo correctamente en la segunda columna. Debe tapar, con un papelito, la primera columna cuando vaya a rellenar la segunda columna. Si lo necesita, hay páginas de ejercicios adicionales antes del final del libro.

_____ ☐ _____ ☐

_____ ☐ _____ ☐

_____ ☐ _____ ☐

_____ ☐ _____ ☐

Ejercicios de Escritura
(Otros)

- south
- taxes
- white

Estudie esta frase o palabras hasta que esté seguro de haberlas memorizado. En la página siguiente podrás practicar la escritura de esta oración o palabras. También debes prestar atención si las palabras comienzan con letras mayúsculas.

A continuación, escriba la frase o palabras estudiadas en la página anterior. Escríbalo de memoria sin mirar la página anterior. Después de escribirlas podrá verificarlas y marcarlas con una "X" si las escribió mal o con una "√" si las escribió correctamente. Si lo escribió mal en la primera columna, tiene otra oportunidad de escribirlo correctamente en la segunda columna. Debe tapar, con un papelito, la primera columna cuando vaya a rellenar la segunda columna. Si lo necesita, hay páginas de ejercicios adicionales antes del final del libro.

_____ ☐   _____ ☐

_____ ☐   _____ ☐

_____ ☐   _____ ☐

Ejemplo de Frases

Hemos incluido ejemplos de oraciones que puede pedir el representante de USCIS, tenga en cuenta que estos son solo ejemplos, no necesariamente los que se le pedirán en su examen.

Lea una oración en voz alta y escríbala de memoria en la página siguiente. Después de escribirla, podrá verificarla y marcarla con una "√" si la escribió bien o con una "X" si la escribió mal. Si la escribió mal, tiene más posibilidades de escribirla correctamente en este ejercicio. Debe tapar, con un trozo de papel, los intentos anteriores que tuvo y volver a escribirla. Le recomendamos que escriba las frases a lápiz para que pueda borrarlas y practicar tantas veces como sea necesario.

Frase ①

The President lives in the White House.

Frase ❷

United States citizens have the right to vote.

Lea la oración en voz alta y escríbala de memoria en la página siguiente.
Tiene diez oportunidades para practicar la redacción de esta oración.

Frase ③

The United States has fifty states.

Lea la oración en voz alta y escríbala de memoria en la página siguiente.
Tiene diez oportunidades para practicar la redacción de esta oración.

Frase ❹

The White House is in Washington, D.C.

Lea la oración en voz alta y escríbala de memoria en la página siguiente.
Tiene diez oportunidades para practicar la redacción de esta oración.

- _____ ☐
- _____ ☐
- _____ ☐
- _____ ☐
- _____ ☐
- _____ ☐
- _____ ☐
- _____ ☐
- _____ ☐
- _____ ☐

Frase

People in the United States have the right to freedom of speech.

Lea la oración en voz alta y escríbala de memoria en la página siguiente.
Tiene diez oportunidades para practicar la redacción de esta oración.

Frase **6**

Congress meets in Washington, D.C.

Lea la oración en voz alta y escríbala de memoria en la página siguiente.
Tiene diez oportunidades para practicar la redacción de esta oración.

Frase

People vote for the President in November.

Lea la oración en voz alta y escríbala de memoria en la página siguiente.
Tiene diez oportunidades para practicar la redacción de esta oración.

Frase **8**

The President lives in Washington, D.C.

Lea la oración en voz alta y escríbala de memoria en la página siguiente.
Tiene diez oportunidades para practicar la redacción de esta oración.

Frase ⑨

Adams was the second President.

Frase  10

Alaska is the largest state.

Lea la oración en voz alta y escríbala de memoria en la página siguiente.
Tiene diez oportunidades para practicar la redacción de esta oración.

Frase  11

Canada is to the north of the United States.

Lea la oración en voz alta y escríbala de memoria en la página siguiente.
Tiene diez oportunidades para practicar la redacción de esta oración.

Frase

Columbus Day is in October.

Lea la oración en voz alta y escríbala de memoria en la página siguiente.
Tiene diez oportunidades para practicar la redacción de esta oración.

Frase  13

Delaware was the first state of the United States.

Lea la oración en voz alta y escríbala de memoria en la página siguiente.
Tiene diez oportunidades para practicar la redacción de esta oración.

Frase  14

Washington was the first President.

Lea la oración en voz alta y escríbala de memoria en la página siguiente.
Tiene diez oportunidades para practicar la redacción de esta oración.

Frase  15

Independence Day is in July.

Lea la oración en voz alta y escríbala de memoria en la página siguiente.
Tiene diez oportunidades para practicar la redacción de esta oración.

Frase

Labor Day is in September.

Lea la oración en voz alta y escríbala de memoria en la página siguiente.
Tiene diez oportunidades para practicar la redacción de esta oración.

Frase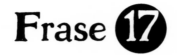

Lincoln was the President during the Civil War.

Lea la oración en voz alta y escríbala de memoria en la página siguiente.
Tiene diez oportunidades para practicar la redacción de esta oración.

Frase  18

Memorial Day is in May.

Lea la oración en voz alta y escríbala de memoria en la página siguiente.
Tiene diez oportunidades para practicar la redacción de esta oración.

Frase  19

Mexico is to the south of the United States.

Lea la oración en voz alta y escríbala de memoria en la página siguiente.
Tiene diez oportunidades para practicar la redacción de esta oración.

Frase  20

New York City was the first capital.

Lea la oración en voz alta y escríbala de memoria en la página siguiente.
Tiene diez oportunidades para practicar la redacción de esta oración.

Frase

New York City has the most people.

Lea la oración en voz alta y escríbala de memoria en la página siguiente.
Tiene diez oportunidades para practicar la redacción de esta oración.

Frase

Presidents' Day is in February.

Lea la oración en voz alta y escríbala de memoria en la página siguiente.
Tiene diez oportunidades para practicar la redacción de esta oración.

Frase ㉓

Thanksgiving is in November.

Lea la oración en voz alta y escríbala de memoria en la página siguiente.
Tiene diez oportunidades para practicar la redacción de esta oración.

Frase  24

The Capital of the United States is Washington, D.C.

Lea la oración en voz alta y escríbala de memoria en la página siguiente.
Tiene diez oportunidades para practicar la redacción de esta oración.

Frase

The citizens elect Congress.

Lea la oración en voz alta y escríbala de memoria en la página siguiente.
Tiene diez oportunidades para practicar la redacción de esta oración.

Frase  26

The United States has 100 senators.

Lea la oración en voz alta y escríbala de memoria en la página siguiente.
Tiene diez oportunidades para practicar la redacción de esta oración.

Frase  27

President Washington is on the one-dollar bill.

Lea la oración en voz alta y escríbala de memoria en la página siguiente.
Tiene diez oportunidades para practicar la redacción de esta oración.

Frase  28

President Washington is the Father of Our Country.

Lea la oración en voz alta y escríbala de memoria en la página siguiente.
Tiene diez oportunidades para practicar la redacción de esta oración.

Frase 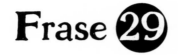 29

The United States flag is red, white and blue.

Lea la oración en voz alta y escríbala de memoria en la página siguiente.
Tiene diez oportunidades para practicar la redacción de esta oración.

Frase  30

We the People of the United States.

Lea la oración en voz alta y escríbala de memoria en la página siguiente.
Tiene diez oportunidades para practicar la redacción de esta oración.

- _____ ☐
- _____ ☐
- _____ ☐
- _____ ☐
- _____ ☐
- _____ ☐
- _____ ☐
- _____ ☐
- _____ ☐
- _____ ☐

Frase **31**

Most people in the United States have to pay taxes.

Lea la oración en voz alta y escríbala de memoria en la página siguiente.
Tiene diez oportunidades para practicar la redacción de esta oración.

- _____ ☐
- _____ ☐
- _____ ☐
- _____ ☐
- _____ ☐
- _____ ☐
- _____ ☐
- _____ ☐
- _____ ☐
- _____ ☐

Frase 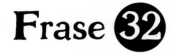 32

The Congress has 100 senators.

Lea la oración en voz alta y escríbala de memoria en la página siguiente.
Tiene diez oportunidades para practicar la redacción de esta oración.

Frase  33

American Indians lived here first.

Lea la oración en voz alta y escríbala de memoria en la página siguiente.
Tiene diez oportunidades para practicar la redacción de esta oración.

- _____ ☐
- _____ ☐
- _____ ☐
- _____ ☐
- _____ ☐
- _____ ☐
- _____ ☐
- _____ ☐
- _____ ☐
- _____ ☐

Frase ③④

Flag Day is in June.

Lea la oración en voz alta y escríbala de memoria en la página siguiente.
Tiene diez oportunidades para practicar la redacción de esta oración.

Cuando pase la prueba no olvide comprar nuestra carpeta para mantener su Certificado de Ciudadanía a salvo desde el primer momento en que lo reciba.

Para comprarlo, solo vaya a Amazon.com y escriba en la barra de búsqueda el código **"B0849XV5QX"**

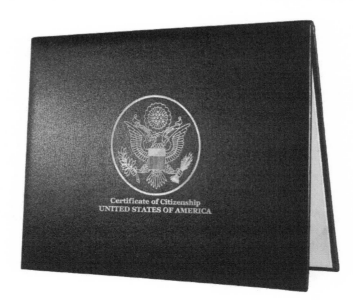

Páginas de ejercicios extra

Hemos incluido algunas páginas adicionales para que practique la escritura y ejemplos de oraciones en caso de que lo necesites.

- _____ ☐
- _____ ☐
- _____ ☐
- _____ ☐
- _____ ☐
- _____ ☐
- _____ ☐
- _____ ☐
- _____ ☐
- _____ ☐

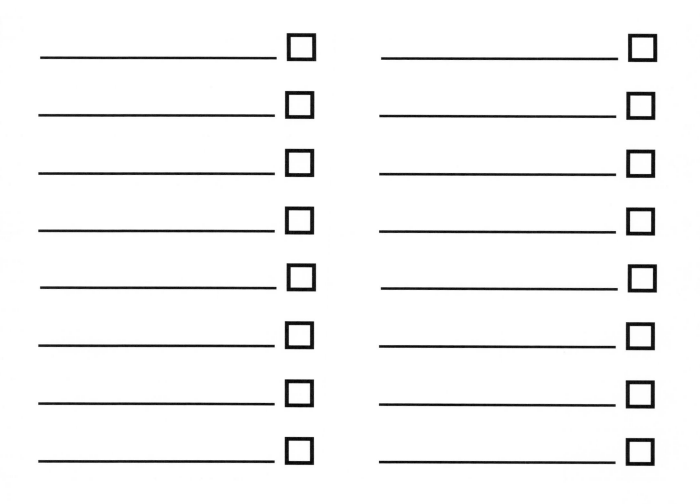

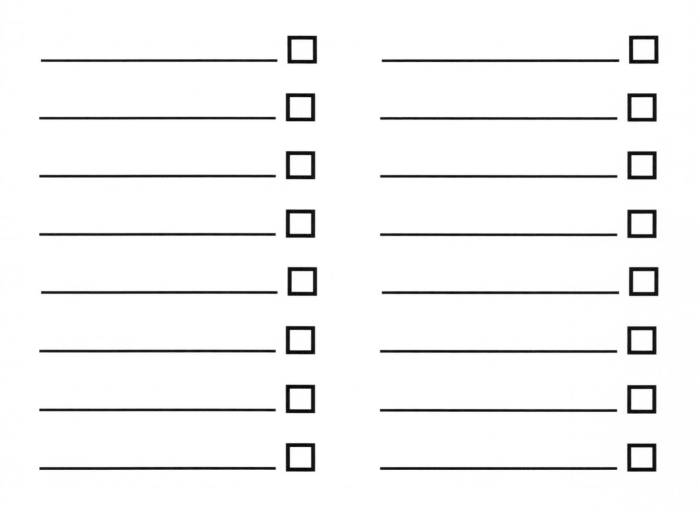

- _____ ☐
- _____ ☐
- _____ ☐
- _____ ☐
- _____ ☐
- _____ ☐
- _____ ☐
- _____ ☐
- _____ ☐
- _____ ☐

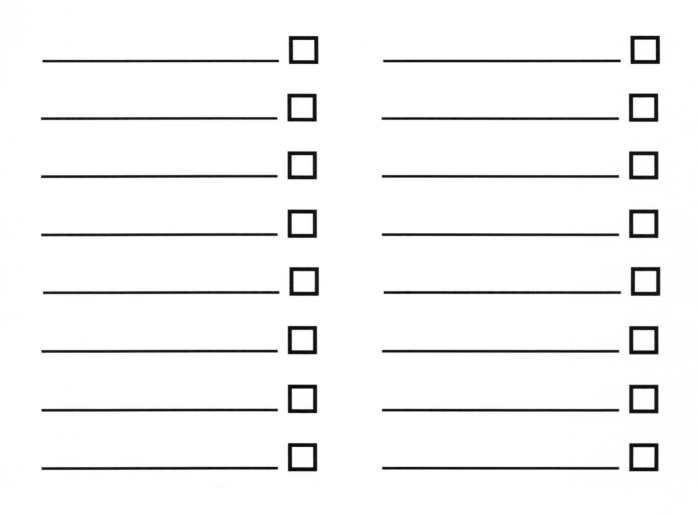

- _____ ☐
- _____ ☐
- _____ ☐
- _____ ☐
- _____ ☐
- _____ ☐
- _____ ☐
- _____ ☐
- _____ ☐
- _____ ☐

- _____ ☐
- _____ ☐
- _____ ☐
- _____ ☐
- _____ ☐
- _____ ☐
- _____ ☐
- _____ ☐
- _____ ☐
- _____ ☐

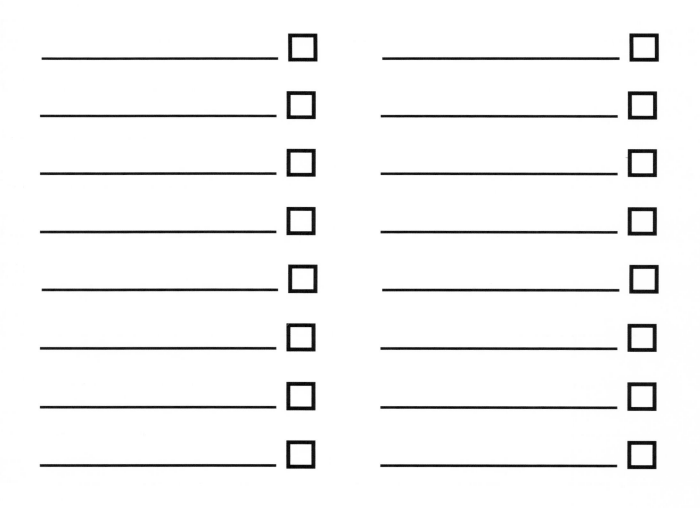

Made in United States
Orlando, FL
16 September 2022

22479820R00217